Collection
Paroles de Conteurs

A Yara, ma petite souris verte.

Collection "Paroles de conteurs"
dirigée par Ilona Zanko

Catalogage Electre-Bibliographie
Gay Para, Praline. Louliya et autres contes d'Egypte ill. Daniel Pudles. Paris : Syros, 1996. (Paroles de conteurs).
ISBN 2-84146-351-6. DEWEY : 811.3 : Albums et fiction. Contes et légendes.
Public concerné : Lecteurs débutants (à partir de 6 ans)

Praline Gay Para

Louliya et autres contes d'Égypte

Illustrations Daniel Pudles

SYROS

Note de l'éditeur

En choisissant de publier des contes plutôt comme on les dit que comme on les écrit, nous avons porté tous nos soins à la mise en page de chaque recueil. Le souffle, l'intensité, le rythme, le poids d'émotion de chaque mot sont soulignés par le choix des typographies.

Mais attention ! Il n'y a pas de mode d'emploi ou de texte « prêt à dire », c'est une interprétation parmi d'autres. Nous jouons avec la taille des caractères, les graisses, les blancs, pour créer des silences, des ruptures, suggérer un rythme, imager le texte... Le gras, par exemple, peut être là simplement pour souligner un mot ou une formule, il n'est pas forcément à lire très fort par l'enfant ou à dire avec emphase par le conteur.

Avant la séance

Ces contes d'Égypte viennent d'éclore, c'est sans doute pour cela qu'ils ont vu le jour au printemps. Ils sortent à peine de leur gousse après une maturation de plusieurs mois, comme une primeur qui annonce une saison nouvelle.

Contrairement à mes habitudes, j'ai écrit ces contes avant même de les avoir racontés, en essayant de garder leur manière de dire particulière, en traduisant le plus fidèlement possible leurs images :
« il était une fois, que ton lot dans la vie soit le bonheur et la générosité », « une ville le porte, une ville le pose », « si ton salut n'avait précédé tes mots, j'aurais dévoré ta chair avant de broyer tes os... »

Ils portent bien la trace de mon propre passage, mais ils ont encore beaucoup de chemin à faire dans ma bouche. Les découvrir m'a procuré un immense plaisir et un grand étonnement. Ils ressemblent parfois à des contes que nous connaissons et sont en même temps étranges, dépaysants. Ils surprennent comme la découverte inespérée d'un site enfoui.

Ces histoires les voici !

« *Si vous les trouvez douces, vous me devez autant de chansons et si vous les trouvez amères vous me devez d'autres histoires.* »

Praline Gay Para

Le malchanceux est malchanceux

Tout a commencé dans une rue du Caire.
Un roi et son vizir, habillés en hommes du peuple, se promènent et observent les passants.
Ils s'arrêtent devant la boutique d'un cordonnier. Le roi s'approche de la vitre crasseuse qui sert de vitrine et voit l'homme en train de ressemeler de vieux souliers usés.
Ses enfants sont assis à ses côtés, sales, déguenillés, ratatinés par le froid.
Un spectacle désolant en vérité.

Le roi est vraiment désolé.
Il dit doucement à son vizir :

– Va prendre une dinde au palais, plume-la, fais-la rôtir, mets-y **cent pièces d'or** et porte-la au cordonnier. Lui et ses enfants pourront ainsi manger à leur faim, se laver et se vêtir. On ne peut pas les laisser dans cet état !

Le roi et le vizir rentrent au palais. Ce dernier choisit la dinde la plus grasse, la fait préparer, y met les cent pièces d'or et le voici qui la porte au cordonnier.

Le vizir :

– Voici une dinde que le roi t'envoie pour le déjeuner.

Le cordonnier :

– Que Dieu lui prête longue vie ! Enfin un repas consistant qui nous permettra de reprendre des forces !

Quand le sultan aperçoit de sa fenêtre son vizir revenir les mains vides, il est heureux : « **Qu'il est agréable de gagner sa place au paradis !** »

Revenons au cordonnier. Il est si content qu'il se met à chanter. Sa joie est grande ! A côté de son échoppe il y a celle d'un matelassier, un bon vivant. L'odeur de la dinde traverse la cloison qui sépare les deux boutiques et met le voisin en appétit :

« Une dinde rôtie, une bonne bouteille, et le monde peut s'écrouler ! Le cordonnier ne peut apprécier un mets aussi raffiné ! D'ailleurs comment peut-il se payer un tel repas ? »

Il va le trouver :

– Je te donne cinquante piastres en échange de cette dinde. Ainsi tu pourras acheter du pain pour nourrir tes enfants une semaine entière.

Le cordonnier prend les cinquante piastres.
Le matelassier achète une bonne bouteille et rentre chez lui.
Il apprécie la dinde, il bénit la farce !

Trois jours plus tard, le roi appelle son vizir :

– Allons voir de près l'état de notre population. Nous en profiterons pour passer devant le cordonnier et **nous verrons comment l'argent que je lui ai donné a changé sa vie.**

Ils se sont habillés en hommes du peuple et les voilà dans les ruelles du souk.

Arrivés devant l'échoppe du cordonnier, catastrophe ! Le spectacle est exactement le même ! **Rien n'a changé !** C'est à désespérer. Le roi est mécontent, **sa place au paradis est compromise.**
Il ordonne à son vizir de porter une oie, la plus grasse, au cordonnier et d'y mettre **deux cents pièces d'or** cette fois.
Il est certain que le malheureux a profité de son argent pour rembourser ses dettes :
« **Maintenant il pourra vraiment en profiter pour mieux vivre.** »

Ces pensées l'apaisent.

Le vizir obéit, il porte l'oie et les deux cents pièces d'or au cordonnier. Quand il quitte l'échoppe du pauvre homme, le matelassier arrive, sans doute attiré par le fumet :

– Encore de la volaille ? Je t'en donnerai une guinée cette fois ! Elle est plus grosse que la première.

Le cordonnier accepte, une guinée c'est deux semaines de pain pour les enfants !

Le matelassier rentre chez lui avec une bonne bouteille, il dévore la dinde et engloutit les deux cents pièces d'or !

Une semaine plus tard, le roi, vêtu en homme du peuple, passe à nouveau devant le cordonnier. Il sourit à l'idée de le voir transformé en artisan prospère grâce à sa propre générosité. Il est fier.
Quand il colle le nez à la vitre toujours aussi sale, il se sent défaillir. « **Pourquoi le paradis est-il si difficile à atteindre ?** »
Le cordonnier et ses enfants sont aussi maigres, aussi crasseux, aussi grelottants qu'au premier jour de l'histoire.

Rien n'a changé !

Le roi ne comprend pas :
« **Je lui ferai envoyer un mouton!
La troisième fois sera la dernière !** »

Le mouton farci de **trois cents pièces d'or**
est livré au cordonnier.
Il subit le même sort que la dinde et l'oie.
**Le matelassier avait pris goût à la bonne chère
et à l'argent !** Le cordonnier, quant à lui,
n'a toujours rien compris !

Le roi est tranquille. Le paradis lui est acquis ! **Avec six cents pièces d'or, on refait un homme, on rénove une vie.** Il veut tout de même en avoir le cœur net. Une fois de plus, vêtu en homme du peuple, il part, seul, vérifier le fruit de sa bonté. Il manque de s'évanouir quand il voit le même spectacle navrant que les jours précédents : la même misère, la saleté, la tristesse, le dénuement.

Le roi est fou de colère.
Tout cet argent pour rien !

Il rentre au palais et donne l'ordre à ses soldats d'amener le cordonnier.
Quand le malheureux arrive dans la salle d'audience, le roi lui dit :

– Je t'ai vu depuis quelques semaines avec tes enfants dans ta boutique. Vous étiez dans une situation de misère absolue. J'ai voulu vous aider. Je t'ai envoyé, une première fois, une dinde rôtie avec **cent** pièces d'or, la deuxième fois une oie avec **deux cents** pièces d'or et dans le mouton, il y avait **trois cents** pièces d'or.

J'espérais que tu pourrais ainsi améliorer ta situation et celle de tes enfants. Rien n'a changé ! Peux-tu me dire ce que tu as fait de cet argent ?
Comment peux-tu continuer à être aussi sale et déguenillé ?

Le malheureux raconte ce que sont devenus les trois cadeaux. Le roi fait immédiatement venir le matelassier. Quand celui-ci voit son voisin devant le roi, il se fait suppliant :

– Pardonne-moi roi du temps. Pour ce qui est de l'argent, le voici, je te le rends, mais la viande, je l'ai mangée !

Le roi est fatigué de voir cette histoire se prolonger, cette histoire qui lui fait perdre son temps et ses espérances :

– Toi le cordonnier, va avec mon chambellan dans la salle du trésor et **prends tout ce que tu voudras.** Tu seras riche et tu enterreras la misère. Tes enfants pourront enfin s'habiller et profiter de leur existence !

Le roi se sent tout puissant et tellement généreux, un véritable héros !

La salle du trésor est tout en haut
d'un immense escalier, bien protégée.
Le chambellan monte **devant**, le cordonnier **derrière.** Une fois dans la salle du trésor, ce dernier vide son sac à outils et se met à prendre à pleines mains des pièces d'or, des joyaux, des bijoux.
Il remplit son sac qui devient très lourd.
Enfin il pourra vivre comme tout le monde !
Le chambellan referme la porte de la salle du trésor et les deux hommes redescendent, le chambellan **devant,** le cordonnier **derrière**.
Ce dernier a du mal à soulever son sac, il le traîne derrière lui. Il pense déjà à toutes les choses qu'il va offrir à ses enfants...

Quand il s'emmêle les pieds et tombe.
Il dégringole jusqu'à la dernière marche,
entraînant avec lui le chambellan.
Son sac le suit.

Le cordonnier tombe sur le chambellan
et le tue net.

Le sac atterrit sur la tête du cordonnier
et le tue aussi !

Résultat des courses, **deux morts** :
le cordonnier et le chambellan.
Un éventré : le sac.
Et un blessé grave : le roi,
qui a une fois de plus perdu sa place au paradis, et à ce jour, il ne s'en est pas encore remis. Ne dit-on pas là-bas :

le malchanceux est malchanceux
même s'il a une lanterne
accrochée au derrière,
quoi qu'il fasse, un jour il pétera
et la flamme s'éteindra !

Louliya, fille de Mourgân

Il était une fois, il était maintes fois,
que ton lot dans la vie soit le bonheur
et la générosité.
C'est l'histoire d'un roi et d'une reine
qui n'avaient pas d'enfants.
Un jour la reine dit :

– Si un jour j'ai un fils, je ferai
bâtir trois puits, le premier rempli
de miel, le deuxième de lait et
le troisième d'eau de rose.

Le roi jure qu'il réalisera sa promesse.

Un jour s'en va, un autre arrive et la reine est enceinte. Quelques mois plus tard elle met au monde un petit garçon qu'ils appellent Yousif. Les parents n'ont pas de mots pour dire leur joie.

Les enfants des contes grandissent très vite !

Yousif est un bel adolescent maintenant. Le roi se réjouit à sa vue, il est heureux de le voir grandir, mais depuis quelques temps, il a du mal à dormir la nuit.

Chaque fois qu'il prend sommeil,
il entend une voix qui susurre :
« Roi, tu n'a pas tenu ta promesse ! »
Le roi se retourne, s'agite, mais à son réveil,
il a tout oublié.

Un jour, Yousif tombe malade.
Tous les médecins du royaume tentent
de le soigner, mais aucun n'y parvient.
Nul ne sait de quel mal il souffre.

Un jour pourtant, un sage semble identifier la maladie. Il dit au roi :

– Une promesse non tenue, roi du temps. Une promesse non tenue ! As-tu fait un vœu ? As-tu promis quelque chose que tu n'as pas tenu ?

Le roi et la reine se souviennent. Ils font immédiatement construire trois puits qu'ils remplissent à ras bord de miel, de lait et d'eau de rose.

Ils envoient des messagers annoncer dans tout le pays :

« Celui qui veut du miel, du lait ou de l'eau de rose n'a qu'à se servir au palais du roi ! »

Au lever du jour, les foules se dirigent vers le palais. L'un porte une casserole, l'autre une marmite, le troisième une jarre, l'autre encore une bassine... Ils se bousculent autour des trois puits qu'ils vident en un clin d'œil. Plus une goutte de miel, de lait ou d'eau de rose !

Quelques instants plus tard, une très vieille femme appuyée sur un bâton arrive. Elle porte sur la tête un plateau où elle a soigneusement posé trois bols. Quand elle voit les puits complètement à sec, elle met son plateau à terre, sort de l'une de ses poches **une éponge et se met à essuyer les gouttes sur les parois des trois puits.** Elle presse l'éponge au-dessus des bols. Après un très long labeur, elle réussit enfin à les remplir.

Son plateau sur la tête, elle repart chez elle.
En chemin, elle passe devant Yousif.
Il est en train de jouer. Il donne un coup de pied dans son ballon qui part comme un boulet de canon et atterrit sur le plateau de la vieille femme.
Elle tombe et son chargement se déverse sur le sol.

– Ce n'est pas grave vieille mère,
dit Yousif, **je ne l'ai pas fait exprès.**

– C’est à moi de dire si c’est grave ou pas ! Mal élevé ! Comment pourrais-je te maudire ? Tu es si jeune. Comment te jeter un sort ?... Puisses-tu être fou d’amour pour *Louliya fille de Mourgân* !

Rien que le nom le fait rêver :

Louliya fille de Mourgân,
Perle fille de Corail.

C'est un nom à tomber amoureux !
Le jeune homme se précipite chez son père et demande :

– Qui est *Louliya fille de Mourgân* ?

Le roi pâlit :

– Tu es trop jeune ! Tu n'as rien à voir avec ces choses !

La réponse du roi ne fait qu'aiguiser la curiosité de Yousif. Il demande à tous ceux qu'il croise, en savourant chaque syllabe de son nom :

– Qui est *Louliya fille de Mourgân* ?

Certains font la sourde oreille, d'autres lui disent qu'il doit s'occuper des choses de son âge, jusqu'au jour où le serviteur le plus âgé du palais lui répond :

– C'est une jeune fille d'une immense beauté que tu devras trouver par toi-même.

Yousif court chez le roi et la reine :

– Je m'en vais de par le monde pour trouver *Louliya fille de Mourgân* ! Je ne pourrai pas vivre sans l'avoir vue.

Leurs visages deviennent blêmes :

– Tu es si jeune ! **Personne n'en est jamais revenu vivant !** Nous n'avons que toi au monde !

– Je reviendrai.

Yousif prend la route.
Il marche,
il marche,
il marche.
Une ville le porte, une ville le pose.
Il va si loin qu'il atteint la limite du monde habité. Il traverse le désert.
Il avance dans la sécheresse et la chaleur, quand il voit un nuage de poussière s'approcher. Le nuage est de plus en plus proche, il est immense et si dense qu'il voile le soleil.

Quand la poussière se dissipe, un ogre géant est devant lui.

– Que la paix soit sur toi, mon père l'ogre !

– Si ton salut n'avait précédé tes mots, j'aurais dévoré ta chair avant de broyer tes os. Que veux-tu ?

– Je cherche *Louliya fille de Mourgân*.

– Continue ton chemin. A l'autre extrémité du désert tu trouveras ma sœur. C'est la seule qui puisse te dire comment parvenir à Louliya. Mais attention, quand tu arriveras chez elle, si elle est entourée de **ses poules rousses** et qu'elle a les cheveux peignés et bien coiffés, n'articule pas une seule parole, **ne respire plus,** ne la laisse pas deviner ta présence.

Si, au contraire, elle a les cheveux hirsutes, en bataille, qu'elle est entourée de ses **poules vertes** et qu'elle a les seins qui pendent par-dessus les épaules, alors tu peux t'approcher d'elle parce qu'alors, elle sera de bonne humeur.

Yousif remercie l'ogre et poursuit son chemin. Il marche beaucoup, il marche longtemps, il marche tant et tant qu'il finit par arriver chez l'ogresse.
Il se cache derrière un rocher et regarde.
Elle a les cheveux très bien nattés et **elle est entourée de ses poules rousses.**
Il ose à peine respirer. Il ne bouge pas de sa cachette.

Au coucher du soleil, il la voit soudain se lever. Elle défait ses cheveux et les met en pétard, puis elle attrape une à une ses poules rousses, les écartèle, **leur arrache la tête en hurlant et les dévore tout cru.**

Quand elle a mangé sa dernière poule rousse, elle est apaisée.

Elle ouvre la porte du poulailler et libère ses poules vertes puis elle s'assied, défait ses vêtements, passe ses seins par-dessus ses épaules et se met à chanter à tue-tête en souriant.

Yousif ose enfin s'approcher d'elle sur la pointe des pieds.
Les poules le voient et se mettent à caqueter :

« **Un visiteur ! Un visiteur !** »

Mais l'ogresse chante si fort qu'elle ne les entend même pas. **Elle est vraiment de bonne humeur.**
Yousif saisit l'un de ses seins et se met à téter, puis il recommence avec le deuxième.

L'ogresse dit tout en chantant :

– Mon sein gauche tu as tété, mon sein droit tu as tété, te voilà mon fils de lait. Fils d'Adam, mon fils maintenant. Que veux-tu ?

– *Louliya, fille de Mourgân.*

– Fils, tu es trop jeune pour mourir !

– Je suis prêt à affronter mille sabres.

– Alors prends cette balle et cette raquette. **Donne un coup de raquette à la balle et suis-la partout où elle ira.** Elle te mènera là où tu veux aller.

Yousif reprend son cheval. Il donne un coup de raquette à la balle qui se met à rouler.

Il la suit. Quand elle s'arrête, il donne encore
un coup de raquette et suit la balle.
Il donne un coup de raquette et suit,
un coup de raquette et suit,
un coup de raquette et suit...
Et le voilà devant un immense palais
en plein cœur du désert, loin de toute vie.
Ce palais est haut, haut, haut,
il atteint les nuages mais il n'a ni portes
ni fenêtres.
Yousif en fait plusieurs fois le tour quand il
aperçoit, tout en haut, **une petite ouverture**,
une espèce de fenêtre arrondie.

Il s'éloigne pour mieux voir, quand un nuage de poussière obscurcit l'horizon et grossit, grossit. **Un chien aboie fort comme un coup de tonnerre.** On entend le bruit terrible d'un choc. Yousif se cache derrière un grand rocher et regarde.
Un ogre trois fois plus grand que celui qu'il avait rencontré au début de l'histoire est debout devant le palais et appelle :

**– Louliya fille de Mourgân,
défais tes longs cheveux !
Emporte ton père l'ogre,
loin de ce désert de feu !**

Yousif voit la petite fenêtre s'ouvrir.
Une jeune fille d'une beauté indescriptible apparaît. Un chef-d'œuvre de la création. Une merveille de l'univers.
Elle laisse tomber ses cheveux de soie jusqu'à ce que leur extrémité vienne effleurer le sol.
L'ogre s'y accroche et tire,
tire,
tire, il monte...

Il est là-haut, il disparaît et la fenêtre se referme.
Quand l'ogre arrive chez Louliya, il dit :

– Qu'y a-t-il à manger aujourd'hui ?

Elle lui sert son dîner.
Il mange, il mange, il mange,
il dévore, **il avale, il engloutit...**
et va se coucher pour la nuit.

Revenons à Yousif. Il est encore là.
Il a passé la nuit à attendre.
Au petit matin, il voit la fenêtre s'ouvrir, les cheveux soyeux onduler et l'ogre descendre. Il attend que le nuage de poussière ait complètement disparu pour sortir de sa cachette. Il s'approche du palais et appelle :

– Louliya, fille de Mourgân, défais tes longs cheveux ! Emporte Yousif, qui t'est prédestiné, loin de ce désert de feu.

La fenêtre s'ouvre. Yousif lève la tête
et voit le visage de Louliya.
Leurs regards se croisent.
La jeune fille tremble d'émotion :

– Que viens-tu faire ici ? Va-t'en si tu veux sauver ta peau ! Si mon père te voit, **il te tuera et boira ton sang !**

– Avant de m'en aller je veux te raconter mon histoire. Aide-moi à monter.

Elle défait ses nattes. Au contact de ses cheveux, **Yousif est bouleversé.** Leur douceur, leur odeur le rendent fou !... Il réussit néanmoins à se hisser jusqu'à elle.

– **Tu m'es prédestinée, j'ai été mis au monde pour toi.** Je ne pourrai plus vivre sans toi. Viens avec moi. Fuyons !

– Où aller ? La distance que nous pourrions parcourir en un jour, mon père la parcourra en un pas.

Au milieu de leurs tendresses,
ils entendent un grand bruit
et la voix de l'ogre tonne :

– Louliya fille de Mourgân,
défais tes longs cheveux !
Emporte ton père l'ogre,
loin de ce désert de feu !

Louliya a peur. Elle ne sait pas comment cacher Yousif. Elle tourne en rond et finit par **le transformer en épingle** qu'elle met à sa poitrine.

Quand son père arrive, il demande avec colère :

– Pourquoi as-tu tardé à répondre ?

– J'étais dans mon bain.

– Je sens l'odeur **d'un humain** qui n'est pas de notre race.

– Et pourtant il n'y a personne.

L'ogre cherche partout la trace de l'intrus et ne trouvant rien, il prend son repas et va se coucher pour la nuit.

Le lendemain matin, l'ogre part comme d'habitude. Dès que le nuage de poussière a disparu à l'horizon, Louliya retire l'épingle de son corsage **et Yousif est là.**
Elle lui dit :

– Partons tout de suite !

Elle prépare un bol de henné et **teint de couleur ocre tout ce qu'il y a chez elle :** la table, la chaise, la baignoire, les bols, les assiettes, tout !
Elle oublie un seul objet : **le tambourin** qui était caché sous le divan.
Louliya prend un peigne, une aiguille et un miroir qu'elle met dans sa poche et s'en va en courant avec Yousif.

Le soir, voilà l'ogre qui revient.
Il est au pied du palais, il appelle :

**– Louliya fille de Mourgân,
défais tes longs cheveux !
Emporte ton père l'ogre,
loin de ce désert de feu !**

Rien !

- Louliya !

Rien !

- Louliyâââââ !

Toujours rien.

La colère commence à monter. Il hurle :

– Chaise ! Où est Louliya ?

La chaise :

– Elle est assise sur moi.

– Lit ! Où est-elle ?

Le lit :

– Elle dort sur moi.

– Baignoire, où est-elle ?

La baignoire :

– Elle se baigne dans mon eau.

– Tambourin ! Où est-elle ?

Le tambourin se met à danser et à chanter :
« TOUM TADOUM DOUM DI DOU, TOUM TADOUM DOUM DI, TOUM TADOUM DOUM DI DOU, avec Yousif elle est partie ! »

L'ogre piaffe de rage ! Il appelle son chien, et avec lui, il se met à la poursuite de Yousif et de Louliya.
Eux sont loin devant, ils courent comme des fous, mais ils voient bientôt derrière eux le nuage de poussière.

Le nuage grossit, **grossit**, **grossit** et finit par cacher le soleil. C'est la nuit.
Louliya prend l'aiguille dans sa poche et la jette derrière elle. **Un champ d'épines surgit jusqu'à l'horizon.**
L'ogre et son chien y pénètrent, les épines leur transpercent le corps. L'ogre crie :

– Arrache, mon chien, et j'arracherai avec toi !

Pendant ce temps, Yousif et Louliya courent, courent, courent, aussi vite que leurs pieds peuvent courir.

Ils sont déjà plus loin.

Pendant ce temps, l'ogre et le chien ont arraché les épines, se sont frayé un chemin, et les voilà de nouveau derrière les jeunes gens. Quand Louliya sent le souffle de l'ogre sur sa nuque, le soleil disparaît. Elle prend le peigne et le jette loin par-dessus son épaule. **Une épaisse haie de bambous s'élève jusqu'au ciel.**

Les poursuivants s'y perdent.

L’ogre hurle à l’adresse de son chien :

**– Coupe, mon chien,
et je couperai avec toi !**

Yousif et Louliya sont loin. Ils courent, ils courent, ils courent aussi vite que leurs pieds peuvent courir.
L’ogre et le chien réussissent à abattre la haie de bambous et se lancent de nouveau à leur poursuite.
Louliya sent le souffle de l’ogre sur sa nuque, le soleil est caché par un immense nuage de poussière.

Elle jette enfin le miroir loin derrière elle, et un immense lac s'étend devant les poursuivants. Ils se mettent à boire l'eau du lac :

– Bois, mon chien, et je boirai avec toi !

Ils boivent, ils boivent, ils boivent, ils boivent encore et éclatent dans un bruit assourdissant.
Mais avant de mourir, l'ogre jette vers les jeunes gens **une poignée d'épingles.**

Dès que les épingles les atteignent,
Louliya se transforme **en chienne** et Yousif **en alouette.** Il s'envole aussitôt.
Louliya devenue chienne poursuit sa route jusqu'au palais des parents de Yousif.
Elle se couche au pied des marches du palais et se met à aboyer. Personne ne semble la remarquer. Yousif, devenu alouette, voltige autour du palais et chante :

« Comment es-tu, Louliya ma chère,
dans la maison de mon père
et de ma mère ? »

Louliya répond :

« Au-dessus de moi, la poussière,
au-dessous de moi, la poussière,
je suis comme une chienne doit être,
Yousif mon bien-aimé ! »

Tous les jours Yousif revient et pose la même question, et tous les jours Louliya donne la même réponse.
Un matin pourtant, le roi et la reine passent à côté de la chienne et l'entendent dire :

« Yousif »

Ils s'approchent d'elle et lui demandent de répéter ce qu'elle vient de dire.

Louliya reprend toute sa réponse à Yousif. La mère la fait entrer dans le palais et lui fait donner une litière en paille, dans l'étable. Yousif revient sans cesse et voltige autour du palais :

« Comment es-tu, Louliya ma chère,
dans la maison de mon père
et de ma mère ? »

Et Louliya de répondre :

« Au-dessus de moi, la paille,
au-dessous de moi, la paille,
je suis comme une jument doit être,
Yousif mon bien-aimé ! »

La mère de Yousif entend la chienne :

« Cette chienne est étrange ! »

Elle l'emmène dans une chambre du palais et lui fait donner un lit avec des draps de soie. Quand Yousif revient cette fois et qu'il demande :

« Comment es-tu, Louliya ma chère,
dans la maison de mon père
et de ma mère ? »

Louliya répond :

**« Au-dessus de moi, la soie,
au-dessous de moi, la soie,
je suis comme une princesse
doit être, Yousif mon bien-aimé ! »**

La reine a tout entendu. Elle s'approche de la chienne et se met à caresser son pelage. Quand ses doigts effleurent sa tête, la reine trouve **trois épingles** bien enfoncées. Elle les retire et devant elle, debout, Louliya, plus belle que jamais !

Elle raconte au roi et à la reine leur histoire, elle et Yousif, puis elle dit :

– Apportez-moi du sucre et je ramènerai Yousif.

Le lendemain matin, l'alouette revient et voltige tout autour du palais :

« **Comment es-tu, Louliya ma chère,**
dans la maison de mon père
et de ma mère ? »

– J'ai quelque chose pour toi !
dit Louliya en tendant sa main pleine de cristaux de sucre par la fenêtre.

L'alouette s'y pose et la jeune fille l'attrape ! Elle caresse la tête de l'oiseau, y trouve **trois épingles** bien enfoncées, les retire, et Yousif est là !
Il prend Louliya dans ses bras, il embrasse ses parents et on célèbre la noce de Yousif et de Louliya.

Quarante jours et quarante nuits
de bonheur et de joie.

Ils ont vécu dans la stabilité et la prospérité et beaucoup de filles et de garçons ils ont élevés.

Maintenant que l'histoire est terminée,
était-elle douce ou amère ?
Si elle était douce,
tu me dois une chanson,
si elle était amère,
tu me dois une autre histoire...

Hassan
et le derviche magicien

Il était une fois un pêcheur qui était très pauvre. Il vivait de ce que son filet voulait bien rapporter.
Tous les jours, il prenait trois poissons ; un pour lui, un pour sa femme et un pour son fils.
L'histoire commence quand il passe une journée entière sans rien pêcher.
Juste avant le coucher du soleil pourtant, il prend un tout petit poisson qui ne ressemble à aucun autre, ses écailles sont de toutes les couleurs.

Il demande à son fils de le mettre dans son sac. Le fils prend le poisson et tout en marchant il le regarde.

« Il est si petit, et il ne ressemble à aucun autre. A quoi peut-il bien servir ? »

Il le jette dans le fleuve.
Quand son père le voit, il se met à crier :

– Fils de chien ! Tu ne mangeras pas ce soir !

Le lendemain, le père passe la journée au bord du Nil. Rien !
Juste avant le coucher du soleil, il prend un seul poisson de toutes les couleurs, tout petit... **Le même que la veille !**
Il le donne à son fils qui le porte.
En chemin celui-ci le regarde, le trouve décidément minuscule et le jette encore une fois dans l'eau.

Le père est fou de rage !

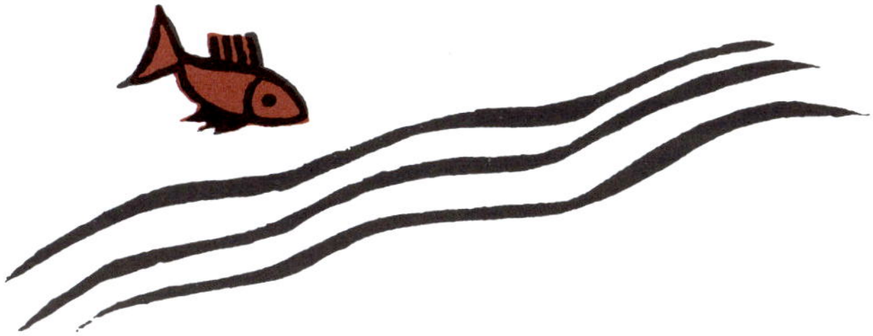

Le troisième jour, c'est la même chose.
Cette fois, quand le pêcheur voit son fils remettre le poisson dans l'eau, il voit rouge et hurle :

– Va-t'en ! Je ne veux plus te voir ! Disparais de ma vue !

Et le jeune homme s'en va.
Il s'appelle Hassan. Il a tout juste un peu d'eau et un morceau de pain quand il prend le chemin qui s'offre à lui.

A midi, il s'arrête pour manger.
Il va prendre son morceau de pain, quand un pauvre derviche, plus vieux que le temps, s'approche et dit :

– Me donneras-tu un peu d'eau à boire ?

Hassan partage l'eau et le pain avec le derviche, et quand le repas est terminé, le vieillard lui demande :

– Où vas-tu ?

– Comme un bateau à la dérive, je suis le chemin qui s'offre à mes pieds.

– Alors viens avec moi.

Ils voyagent ensemble. Ils vont de ville en ville, de village en village.
Un chemin les prend, un autre les dépose.

Un jour, ils arrivent dans une ville immense. Le derviche dit à Hassan :

– Je vais au marché nous acheter quelque chose à manger. Toi tu m'attends ici et, si tu es fatigué, entre dans ce café.

Le jeune homme est très étonné par ce qui l'entoure. Il n'a jamais vu autant de monde de sa vie. Il n'a jamais entendu autant de voix et de bruits. Une telle agitation, un tel mouvement !

Les passants vont dans tous les sens. Hassan est là, debout, bouche bée, dépaysé. Il n'entre pas dans le café mais reste dans la rue. Soudain il entend :

– Rentrez chez vous ! Rentrez chez vous !

Les passants disparaissent tous **comme par enchantement.** Le café où il devait attendre son compagnon ferme. Hassan est toujours là, debout à la même place. **Où voulez-vous qu'il aille ?** Il ne comprend pas ce qui se passe autour de lui.

Une vieille femme passe rapidement :

– Rentre donc chez toi.
La fille du roi va au hammam.
Si tu la vois, elle te fera tuer !

Avant même de comprendre ses paroles,
il la voit s'éloigner.

La fille du roi !

Elle est confortablement installée dans une voiture tirée par quatre chevaux, entourée de servantes qui l'accompagnent à pied. Elles sont précédées d'un détachement de soldats.

Quand la voiture arrive à la hauteur de Hassan, il aperçoit le visage de la princesse. Elle est si belle **qu'il ne peut plus détacher son regard d'elle.**

Il reste figé, comme pétrifié.

Quand elle le voit debout, qui la regarde, elle se met en colère et ordonne à ses gardes de l'arrêter. Les soldats emmènent Hassan et le jettent en prison.

Voilà le derviche qui revient, il cherche Hassan partout mais nul ne l'a vu... à part la vieille femme qui lui raconte ce qui s'est passé.
Le derviche cherche une maison, s'y installe et attend la nuit. Quand le silence enveloppe la ville, il prend au fond de sa poche **deux cheveux de Hassan** qu'il garde depuis plusieurs jours, les brûle et récite une formule magique.

Au même moment,
son jeune compagnon de route
arrive par la fenêtre.

Hassan raconte son histoire au derviche. Pendant qu'il l'écoute, ce dernier peut voir combien **le jeune homme est fou d'amour pour la princesse,** mais en homme sage, il ne pose pas de questions.

Au fil des jours, le mal d'amour de Hassan empire. Il a perdu le sommeil et l'appétit, il ne boit même pas. Aucun remède, aucune formule, aucune potion ne réussit à lui redonner goût à la vie.
Après avoir tout essayé, le derviche finit par reconnaître son impuissance.

« **Il n'y a que l'objet de l'amour qui puisse guérir le mal d'amour** », songe-t-il. Il dit à Hassan :

– Tu guériras mon fils ! Tu verras la fille du sultan !

Il ouvre une petite boîte de khôl. A l'aide d'une très fine tige, **il enduit les cils de Hassan** un à un avec la poudre grise. Il récite des formules, note des inscriptions.

Quand il a fini, il lui dit :

– Maintenant tu peux aller la voir.

– Comment puis-je aller la voir ?
Ils me tueront.

– Ce khôl te rend invisible.
Tu peux faire ce que tu veux
maintenant.

Hassan se rend au palais du sultan.
Il voit les gardes devant la porte.
Il s'approche de l'un d'eux et lui donne une claque sur la nuque.
Celui-ci, déséquilibré, se retourne, regarde tout autour de lui :

– Qui est là ? Qui ? Au secours ! Des génies attaquent !

Hassan comprend **qu'il est vraiment invisible !** Il se précipite immédiatement à l'intérieur du palais.

Son odorat lui permet de trouver
les appartements des femmes tout de suite.
Et comme s'il connaissait les lieux
depuis toujours, il trouve la chambre
de sa bien-aimée.
La fille du sultan dort dans son lit.
Il s'approche, la regarde, **elle est encore
plus belle que dans son souvenir.**
Il l'observe longtemps. Il ne peut résister
à l'envie de se coucher à côté d'elle.
Il se fait tout petit pour ne pas la réveiller,
il ferme les yeux et respire l'odeur de sa peau
et de ses cheveux.

**Il tremble de tout son corps
et ne réussit pas à trouver le sommeil.**

Le lendemain matin, une servante apporte à la jeune princesse un plateau chargé de mets délicieux et parfumés.
Elle se réveille et confie à la servante :

– Toute la nuit j'ai eu l'impression que mon lit était devenu trop petit pour moi. Je me suis sentie à l'étroit, comme si quelqu'un partageait ma couche.

– Tu as dû rêver, répond cette dernière en riant, **il te faut trouver un mari !**

Elle fait sa toilette, s'habille puis s'installe pour manger. Hassan se met à côté d'elle, **le plus près possible pour sentir sa peau contre la sienne** et, heureux, il mange tout son content.

La princesse est étonnée de voir les plats se vider si vite. Elle a pourtant moins d'appétit que d'habitude. Elle est gênée comme si quelqu'un l'observait sans qu'elle puisse le voir. Elle sent qu'elle n'est pas seule mais elle ne voit personne.

La nuit suivante et celle d'après, Hassan a dormi auprès de sa belle, les sens tourneboulés. Pendant deux jours, il a partagé tous ses repas.

La princesse croit devenir folle.
Elle respire mal. Elle se sent à l'étroit dans sa peau. Au bout de trois jours, elle fait appeler le sultan :

– Ou bien je deviens folle ou bien il y a quelqu'un d'autre que moi dans ma chambre. Fais ce que tu voudras mais je ne peux plus supporter de me sentir épiée ainsi.

Le sultan donne l'ordre à ses soldats de trouver l'intrus.
Ils ferment portes et fenêtres et fouillent les moindres recoins. Personne !
Alors une vieille femme tout édentée dit :

– Si quelqu'un se cache ici, je le trouverai. Apportez-moi des épis de maïs verts et de la bouse de vache encore molle.

Elle allume un grand feu dans la chambre de la jeune fille – **heureusement qu'il n'y avait pas de parquet** – et y jette les épis de maïs et les bouses de vache.

Une fumée dense se dégage, elle est assez épaisse pour aveugler un diable.
Tous ceux qui sont là toussent, pleurent, suffoquent, se mouchent.
Les yeux de Hassan se mettent à larmoyer aussi et **les larmes, petit à petit, font couler le khôl de ses cils.** Il éternue.
Tout le monde le voit, ou plutôt voit ses pieds, puis ses genoux, ses cuisses, son corps et sa tête.
Les injures fusent, les femmes hurlent :

– Un inconnu a été découvert chez les femmes !

Hassan est de nouveau jeté en prison.

Quelques heures plus tard, des crieurs annoncent dans toute la ville :

« **Hassan aura la tête coupée demain matin.** »

Le derviche envoie immédiatement un message au sultan : « *Hassan est mon fils. Je demande la main de ta fille pour lui.* »

Le sultan en colère appelle son vizir :

– Un homme de rien du tout ose me demander la main de ma fille unique pour ce Hassan de malheur ! Va immédiatement le chercher !

Quand le vizir arrive chez le vieillard, après avoir traversé de bout en bout la ville, il lui demande de le suivre.

– Pas avant de t'avoir offert le thé, noble vizir.

Ils boivent deux ou trois verres de thé et partent ensemble. Ils se dirigent vers le palais du sultan, à l'autre bout de la ville. Le vizir devant, le derviche derrière.
Sur le chemin, le derviche fait apparaître **un palais magnifique** qui brille comme un joyau :

– A qui appartient ce palais ?
demande le vizir.

– C'est le tien.

– Le mien ?

– Mais oui. Entrons !

Ce palais n'avait pas d'égal en beauté.
Les deux hommes vont de salle en salle,
de chambre en chambre.
Des couloirs sans fin s'étendent devant eux.
Des meubles en marqueterie incrustés de
nacre, des tapis de soie aux mille couleurs,
des brocarts, des opalines... une merveille,
un régal pour les yeux.

**Le vizir est étonné et ravi,
il sourit comme un enfant.**

Ils arrivent dans une salle circulaire : dans la pénombre qui y règne, le vizir distingue les motifs du carrelage en marbre blanc et rose. Les volets fermés empêchent la chaleur d'y pénétrer. Il y fait une fraîcheur étonnante. Le vizir, fatigué par sa marche sous un soleil de plomb, n'a plus qu'une seule envie : dormir.

– Il fait frais ici, je vais faire une petite sieste. Mais je compte sur toi pour ne pas être en retard au palais du sultan.

Et il s'endort. **Il peut toujours compter !**

Le sultan, lui, attend.
Il attend, il attend depuis bientôt trois heures.
Enfin, il perd patience et envoie ses soldats à la recherche du vizir.
Ils vont d'abord chez le derviche :

« Je n'ai vu personne ! »

Ils demandent à tout le voisinage, personne n'a la moindre idée du lieu où ils peuvent trouver le vizir.
Ils font le tour de la ville, sillonnent les rues, les impasses, les venelles, toujours personne.
Et ce n'est qu'au bout de deux heures qu'ils finissent par le trouver...

Le vizir est couché sous une mule, il dort. Ses vêtements sont trempés **car la mule, à plusieurs reprises, s'est soulagée sur lui.** Il supplie les soldats de n'en dire mot à personne, il donne à chacun une bourse bien pleine et les fait jurer de tenir l'affaire secrète.

Quand le sultan voit le vizir arriver,
il lui demande :

– Où est le derviche ?

– Il refuse de quitter sa maison
à moins que tu n'ailles toi-même
le chercher !

– Va le chercher, hurle le sultan,
ou je te fais couper la tête !

– Allons-y tous les deux alors.

Cette fois, c'est en compagnie du sultan que le vizir se rend chez le vieil homme. Celui-ci les accueille à bras ouverts et leur offre le thé.

– **Ni thé ni café,** dit le vizir. **Allons !**

– **Où allons-nous ?** demande le derviche.

– **Tu le sauras en temps voulu !**

– **Allons !**

Et les trois hommes se dirigent vers le palais. Le sultan marche devant suivi du vizir qui est lui-même suivi du derviche.

Chemin faisant, ils arrivent à la place du marché, et là un palais magnifique s'offre à leurs yeux. **Il est mille fois plus beau que celui du sultan.** Les murs sont de briques d'or et d'argent.
Le sultan n'est pas content :

– Qui a osé construire ce palais ici sans mon autorisation ?
A qui appartient ce palais ?

– C'est le tien, répond le derviche.
Entrons !

Le sultan visite le palais des caves
à la terrasse. C'est une œuvre grandiose.
La richesse, le raffinement, la grandeur...
Ils arrivent enfin dans une salle où l'odeur
de fleur d'oranger les accueille. Au milieu
se trouve une baignoire de marbre remplie
d'eau cristalline et parfumée.
Le sultan dit :

– Il fait si chaud dehors !
Je vais prendre un bain.

Le vizir n'ose rien dire.

Le sultan se déshabille et plonge dans la baignoire. Au moment où sa tête disparaît sous l'eau... il a de longs cheveux nattés... des hanches bien rondes...

une poitrine voluptueuse...

une femme !

Il est une femme !

Une femme debout sur la rive d'un fleuve.

Un homme, l'air hargneux, s'approche
et lui demande :

– D'où viens-tu ?

– Je ne sais pas.

Quand il comprend qu'elle est seule,
l'homme l'attrape et hurle :

– Viens avec moi !

**– Lâche-moi ! Ne me touche pas,
je suis le sultan !**

– Et moi un éléphant ! Quel sultan ? Allez ! Viens !

L’homme la traîne avec brutalité derrière lui. Quand ils arrivent chez lui, elle voit **ses trois femmes et ses vingt ou vingt-cinq enfants.** Elle doit nettoyer, astiquer, laver, faire à manger.
Tous lui donnent des ordres et des coups de pied, l’injurient et, à la fin de la journée, ils la nourrissent de miettes.

Le lendemain elle doit laver tout leur linge sale. Elle va à la rivière, dépose le tas de linge par terre. Elle a chaud. Elle se déshabille et plonge dans l'eau.

Quand elle ressort...

la tête du sultan apparaît à nouveau dans la baignoire.

Il a l'air légèrement hébété. Le vizir et le derviche l'attendent.

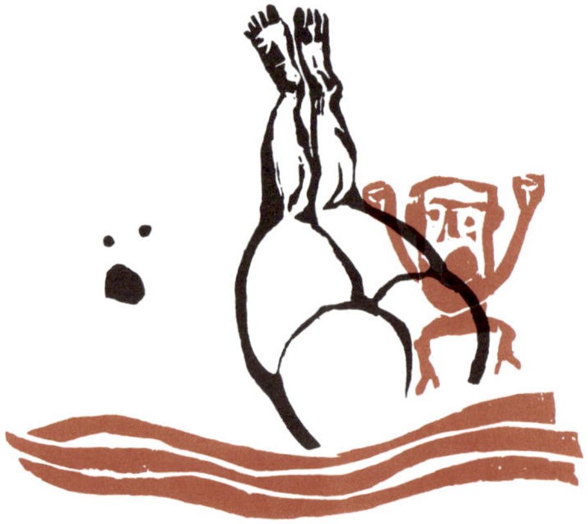

– Comment était ton bain ?
demande le vizir avec un sourire mielleux.

– Excellent ! Rien de tel pour te remettre en forme, tu devrais essayer.

– Majesté, j'ai froid. Je n'ai pas envie d'aller dans l'eau.

– Tu n'as pas froid ! hurle le sultan. Nous sommes au cœur de l'été. Il fait quarante-cinq degrés à l'ombre !... **Je t'ordonne de te déshabiller et de plonger dans cette baignoire !**

Le malheureux vizir est obligé d'obéir. Dès qu'il a la tête sous l'eau...

Les mêmes longs cheveux nattés...

La même femme !

Elle est debout sur la berge.
La même brute arrive. Il est muni d'un bâton cette fois :

**– Fille de trente-six chiens !
Il te faut une journée entière pour laver le linge ?
Tu es là depuis ce matin et tu n'as encore rien fait !**

Il la roue de coups. Pour lui échapper, elle saute dans la rivière et dès qu'elle disparaît sous l'eau...

...la tête du vizir émerge.

Le temps d'ouvrir un œil, de fermer un œil, il est debout dans la baignoire, **il tremble.** Le sultan, un sourire moqueur sur les lèvres, s'approche de lui et dit tout bas :

– Agréable n'est-ce pas ?

– Délicieux, répond le vizir en claquant des dents.

Et s'approchant le plus près possible du roi, il lui glisse à l'oreille :

– Tu devrais marier ta fille au fils de cet homme le plus vite possible.

– Depuis le temps que tu es payé à ne rien faire dans mon palais, **voilà le meilleur conseil que tu m'aies jamais donné !**

Ils ont marié les deux jeunes gens. La noce était grandiose, elle a duré quarante jours.

J'y étais et me voici
mais je n'en suis toujours pas revenue !

La princesse muette

Il était ou il n'était pas, ni dans le pays d'ici ni dans le pays de là-bas, quand ? je ne sais plus exactement, mais tout ce que je sais, je vous le dirai immédiatement.
Il était donc une fois un riche marchand qui avait un fils unique.
Tous les jours, il lui donnait de l'argent et l'encourageait à le dépenser.
Le fils, obéissant, dépensait, dépensait, dépensait. Un jour pourtant, il se dit :
« Je suis un homme maintenant, il faut que je me débrouille seul dans la vie ! »

Il va voir son père :

– Donne-moi cent guinées
et je m'en irai pour installer
mon propre négoce.

– Tu ne manques de rien ici, dit
le père. Tu as tout ce que tu désires,
pourquoi veux-tu t'en aller ?

– Je ne peux pas rester, répond
le fils, je dois m'en aller !

Le père lui donne cent guinées et la mère lui donne son collier :

– Si tu as besoin de plus d'argent, vends ce collier.

Le garçon prend les cent guinées et, comme il a de mauvaises habitudes, il les dépense **immédiatement. Il ne sait pas comment, mais il les dépense.** Il ne lui reste que le collier.

« J'ai tout dépensé sans entreprendre la moindre affaire. Je ne peux pas revenir chez mon père les mains vides. Je dois partir loin d'ici. »

Il longe la rivière. Il marche, il marche, il marche. Il rencontre enfin un pêcheur :

– Bonjour pêcheur, jette tes filets une seule fois pour moi. Je veux tenter ma chance.

Le pêcheur jette son filet et le ramène. Il ne contient qu'une petite boîte d'allumettes en cuivre jaune.

– Donne-moi cette boîte, demande le jeune homme.

– Je ne te donnerai rien. Tu me la payes cent guinées pour la prendre.

– Je n'ai pas d'argent. J'ai tout juste **un collier** à te donner.

Le pêcheur regarde le collier et accepte l'échange.

Le jeune homme met la boîte dans sa poche et s'éloigne. Il marche, il marche, il marche. Il arrive sur une place déserte. Il a faim.

« J'avais cent guinées et un collier et maintenant je n'ai même plus de quoi acheter à manger. »

Il cherche au fond de sa poche et, curieux de voir ce que contient la boîte, il l'ouvre. Il voit la réplique parfaite d'un homme, qui a exactement la dimension de la boîte d'allumettes.

Au moment où il ouvre la boîte, le petit homme lui dit :

– Je suis à tes ordres. Je suis sorti de la rivière pour te porter bonheur. Demande ce que tu veux et tu l'obtiendras.

– J'ai faim, répond le jeune homme.

– Ferme les yeux, compte jusqu'à cinq et **ouvre-les !**

Il ferme les yeux et quand il les ouvre, il a devant lui une table recouverte de mets délicats et délicieux. Il s'installe et mange. Quand il a fini, il débarrasse la table, met la boîte d'allumettes dans sa poche et s'en va.

Il reprend la route. Un chemin le pose, un chemin le prend et il arrive enfin à l'entrée d'une ville où il voit **un palais entièrement construit avec des crânes humains.** Il en est stupéfait.
Quand il reprend ses esprits, il demande aux passants pourquoi le palais est ainsi fait, mais personne ne lui répond.

Les passants se détournent et font mine de ne pas l'entendre. Il entre enfin dans l'échoppe d'un marchand de tabac :

– Pourquoi ce palais est-il ainsi construit ? demande-t-il.

– Je vends toutes sortes de tabac, répond le marchand. **Mais si tu veux vraiment une réponse à ta question, adresse-toi à cette vieille femme là-bas.**

– Ma tante, sœur de ma mère, peux-tu me dire pourquoi ce palais est-il ainsi construit ?

– *Cette histoire est une histoire,* mon fils. Écoute plutôt : notre roi a une fille qui ne parle pas.
Depuis sa naissance elle n'a pas articulé **une seule parole.**
Il a promis sa main à celui qui réussira, au bout de trois jours passés avec elle, à la faire parler. Celui qui ne réussira pas aura **la tête coupée.**

Ces crânes appartenaient à des jeunes gens qui ont tenté leur chance.

Le jeune homme s'éloigne, ouvre la boîte d'allumettes et dit à son ami qui s'y repose :

– Aujourd'hui c'est ton jour. Ils disent que la fille du roi ne parle pas, **sauras-tu, toi, la faire parler ?**

– Rien de plus simple. Quand tu entreras dans ses appartements, tu me mettras **sous le chandelier.** Le reste j'en fais mon affaire.

Le jeune homme dirige ses pas vers le palais et demande audience au roi.
Quand il est devant lui, il dit :

– Je voudrais allier nos deux familles.

– Tu es bien jeune et il serait dommage que tu meures à ton âge. Il est encore temps de changer d'avis. **Regarde tous ces crânes.**

– Je suis semblable à ceux auxquels ils ont appartenu.

– Tu persistes ?

– Je persiste.

– D'accord. Faites venir les témoins et le juge !

Le jeune homme doit signer un document où il déclare avoir pris connaissance des conditions de sa participation.

– Emmenez-le chez elle !

ordonne le roi à ses gardes.

Ils l'introduisent dans les appartements de la princesse, et avant qu'elle vienne, le jeune homme pose la boîte d'allumettes sous le chandelier.
Quand il la voit arriver, il lui dit :

– Que la paix soit sur toi, princesse des princesses.

Elle n'articule pas un seul mot.

– Comment te sens-tu aujourd'hui ?

Elle ressemble à une pierre assise sur une chaise.

– Bon. Si un être humain ne peut pas me tenir compagnie, peut-être **qu'un chandelier réussira à me divertir.**

Il se tourne vers le chandelier :

– Que la paix soit sur toi, honorable chandelier royal.

– Et sur toi la paix et le salut, noble prince, répond le chandelier.

– Pourquoi ne me racontes-tu pas une histoire pour faire passer plus vite ce moment si triste ?

– D'accord :

« Il y avait trois frères qui avaient une seule cousine. Les trois voulaient l'épouser. Le père de la jeune fille leur dit : *"Allez de par le monde, et celui d'entre vous qui reviendra avec l'objet le plus précieux l'épousera."*

« Les trois jeunes gens prirent la route. Ils arrivèrent devant trois chemins, la route de la sécurité, la route du chagrin et la route du non-retour.

« Chacun s'engagea sur un chemin.
Celui qui prit la route de la sécurité trouva **un tapis volant.** Celui qui emprunta la route du chagrin trouva **un miroir** qui lui permettait de voir l'univers entier.
Le troisième trouva **une source d'eau** qui donne la vie. Il en remplit un petit flacon.

« Ils se retrouvèrent au croisement.
Celui qui possédait le miroir le sortit de sa poche, le regarda et dit :
"*Notre cousine est en train de mourir.*"
Celui qui avait le tapis volant dit :
"*Allons-y !*"

Ils s'envolèrent immédiatement au secours de la cousine gravement malade.
Elle était presque morte. Le troisième frère versa **trois gouttes d'eau qui donne la vie...**
Elle se leva, radieuse, comme si elle n'avait jamais été souffrante. »

Voilà ce que le chandelier a raconté.
Quand il a terminé, il demande :

– Lequel des trois doit-il épouser la jeune fille ?

– Un seul peut l'épouser, celui qui a l'eau qui donne la vie.

La jeune princesse ne peut plus se retenir :

– Comme la nature humaine est étrange ! Si celui qui avait le miroir n'avait pas vu qu'elle était malade, ils n'auraient pas pu voler à son secours et la guérir à temps. C'est celui qui a le miroir qu'elle doit épouser !

Dès qu'elle ouvre la bouche, **une odeur de renfermé se répand dans la salle.** Le jeune homme se couvre la figure avec un coussin :

– Ekhkhkh ! Sa bouche pue !

Les juges qui les observent depuis le début sont stupéfaits. La princesse qui n'avait jamais articulé un seul mot depuis sa naissance **est en train de parler sans arrêt** devant le jeune homme qui se bouche le nez !

Ils n'en croient pas leurs yeux et préfèrent attendre le lendemain avant de se prononcer.

Les juges se retirent et le jeune homme fait mine de prendre sommeil.
La jeune fille s'adresse au chandelier.
Elle veut qu'il lui parle comme il l'a fait avec le jeune homme.

– Que la paix soit sur toi,
chandelier royal !
Que la paix soit sur toi !...

Rien.

Elle est furieuse ! Elle prend le chandelier, le jette à terre et le casse en mille morceaux.

Au petit matin notre ami prend sa boîte d'allumettes sous les débris du chandelier et lui demande :

– Où vais-je te mettre maintenant ?

– Mets-moi **sous la chaise.**

Ce qu'il fait.

A la tombée de la nuit, la jeune fille regagne la pièce. Le jeune homme lui parle. Elle ne dit rien, ne remue pas les lèvres une seule fois.

Plus il parle, plus elle est silencieuse.
Il finit par dire :

– Puisque les humains ne peuvent pas me tenir compagnie, **la chaise me fera peut-être la conversation.** Que la paix soit sur toi, chaise royale !

– Et sur toi la paix, fils de roi !

– Raconte-nous une histoire qui nous tienne éveillés, chaise royale.

– Voilà :

« Trois personnes voyageaient ensemble, un charpentier, un tailleur et un cheikh. Ils arrivèrent dans une région déserte. Pour la nuit, chacun devait veiller à son tour sur le sommeil de ses compagnons.

« Le premier tiers de la nuit, le charpentier était de garde. Pendant que le cheikh et le tailleur dormaient, il prit un morceau de bois et **sculpta une poupée de taille humaine.** A minuit il alla dormir et le tailleur prit la relève.

« Celui-ci trouva la poupée, elle était presque humaine **mais elle était nue.** Il sortit sa machine à coudre et, TIK-TIK-TIK-TIK-TIK, il lui cousit une robe.

« A la fin de la nuit, le cheikh prit son tour de garde. Il vit la poupée, elle était presque parfaite, bien habillée, **mais elle n'avait pas d'âme.** Il pria Dieu de lui donner une âme et Dieu exauça sa prière.
Elle devint une jeune femme,
tout ce qu'il y a de plus humain.
Chacun des trois dit : *"Elle est à moi !"*

A ton avis, jeune homme,
qui doit l'épouser ? »

– Le cheikh bien sûr !

La princesse ne peut pas retenir un flot de paroles :

– Les hommes sont une espèce stupide. Si le charpentier n'avait pas eu l'idée de fabriquer la poupée en premier, **il n'y aurait pas eu de jeune femme !**

Le jeune homme détourne la figure et se pince le nez.

Cette fois, les juges osent affronter le roi :

– Roi du temps, ta fille a parlé deux nuits durant.

– Ma fille ? **Parler ?**
C'est impossible ! Attendons voir la troisième nuit.

Le jeune homme, pendant ce temps,
fait mine de dormir. La jeune fille s'adresse
à la chaise :

– Chaise royale !
Que le salut soit sur toi !

Rien.

– Chaise royale et honorée !

Rien.

La princesse entre dans une colère folle
et met la chaise en morceaux.

Voilà le troisième jour.
Le matin, le jeune homme demande
à la boîte d'allumettes :

– Où dois-je te mettre aujourd'hui ?

– Sous ton turban.
Là, elle ne pourra rien faire.

Quand la princesse arrive à la nuit tombée, le jeune homme la salue. Elle ne bouge pas. Il lui parle, elle n'articule pas une seule syllabe.

– Chère amie, tu as parlé pendant deux nuits, pourquoi es-tu silencieuse maintenant ?

Rien.

– Bon, poursuit-il en s'adressant à son turban, la première nuit, ils ont cassé le chandelier, la deuxième, ils ont brisé la chaise.

Chacun est libre de ses biens. Ce soir, je m'adresse à toi, mon propre turban. Que la paix soit sur toi !

– Et sur toi la paix et le salut ! Qu'y a-t-il à ton service, maître ?

– Ce soir je souhaiterais un spectacle qui réjouisse mes sens.

A l'instant, surgissent du turban sept jeunes filles. Sept beautés. L'une joue du tambour, l'autre du tambourin, la troisième de la flûte, les autres chantent et dansent. Une beauté, une joie, de la folie !

Toute la nuit, le jeune homme est ébloui par le spectacle. La princesse regarde le jeune homme. Elle s'approche de lui et demande :

– Je suis fatiguée. Demande à ces jeunes filles de s'en aller.

– Comment ? Elles, elles sont joyeuses au moins ! Elles parlent, elles chantent. **Toi tu ne dis pas un seul mot !**

Comme piquée à vif, la princesse se met à parler, parler, parler sans s'arrêter. Comme si elle avait soudain avalé une radio ! Elle se met à chanter, à sauter, à rire, à danser...

Les juges appellent le roi en urgence. Il vient vérifier par lui-même.

La princesse est toute nue !

Elle rit aux éclats avec le jeune homme dont la joie n'a pas de limites.

Le roi, sous le choc, se met à hurler :

– Que fais-tu ? Es-tu devenue folle ?!

Elle lui répond par un rire heureux.

Le roi ordonne que les jeunes gens soient immédiatement mariés en secret. La noce est célébrée dans la plus stricte intimité.

J'étais là-bas et je viens d'arriver,
même un morceau de pain,
ils ne m'ont pas donné.

Table des matières

Provenances

Le malchanceux est malchanceux : traduit et adapté par Praline Gay Para de «'il manḥûs manḥûs wi-law ḥaṭṭu ᶜala bâb-u fânûs» dans *People and King, Folk Tales in the Cairene Dialect*, de Motie Ibrahim Hassan, Copenhagen University Publication Fund, 1971.

Louliya, fille de Mourgân, Hassan et le derviche magicien et **Le chandelier qui parle :** tous les trois traduits et adaptés par Praline Gay Para de «Louliyya, Daughter of Morgan», «The Grateful Fish» et «The Royal Candlestick» dans *Folktales of Egypt*, de Hasan M. El-Shamy, The University of Chicago Press, 1980.

Dans la même collection

L'ogre gentleman et autres contes
Praline Gay Para

Le taël d'argent et autres contes
Jean-Louis Le Craver

L'enfant sans nom
Philippe Raulet

Malice et l'âne qui chie de l'or
et autres contes d'Haïti
Mimi Barthélémy

Le roi cheval et autres contes
Alain Le Goff

La femme-jardin
et autres contes extravagants
Muriel Bloch

Le rat célibataire
et autres contes de Côte-d'Ivoire
Manfeï Obin

Le petit Cépou et autres contes
Pepito Mateo

Les quatre loups et autres contes
Alain Gaussel

Le compagnon
Abbi Patrix

Les trois oranges et autres contes
Michel Hindenoch

Le fils de la tempête
et autres contes
Praline Gay Para

Bounoume Misère et autres contes
Gigi Bigot

Le fils de Soizic
et autres contes celtiques
Jean-Louis Le Craver

Le roi des oiseaux et autres contes
Bernadète Bidaude

Kangio, la tortue chanteuse d'Haïti
Mimi Barthélémy

La princesse perdue
et autres contes yiddish
Ben Zimet

L'éventail diabolique
Muriel Bloch

Achevé d'imprimer sur les presses de l'imprimerie Lienhart,
Aubenas d'Ardèche.
Photogravure de la couverture : ARG
Dépôt légal : 3ᵉ trimestre 1996
N° d'éditeur : 1421 - ISBN : 2 84146 351 6